두 발 사랑

두 발 사랑

초판 1쇄 인쇄 2010년 3월 5일
초판 1쇄 발행 2010년 3월 10일

지은이 | 강석호
펴낸이 | 金泰奉
펴낸곳 | 도서출판 띠앗
등 록 | 제4-414호

편 집 | 박창서, 김주영, 김미란, 이혜정
마케팅 | 김영길, 김명준
홍 보 | 장승윤

주 소 | (우143-200) 서울시 광진구 구의동 243-22
전 화 | (02)454-0492
팩 스 | (02)454-0493
이메일 ddiat@ddiat.co.kr
홈페이지 www.ddiat.co.kr

값 6,000원
ISBN 978-89-5854-073-1 (03810)

두 발 사랑

강석호 시집

도서출판 띠앗

서시

고통을 토해 내는
두 발 고행보다
희망을 나눠 주는
두 발 사랑을 하렵니다

상처를 안겨 주는
두 발 혹사보다
행복을 보장하는
두 발 사랑을 하렵니다

시련을 남겨 주는
두 발 여행보다
사랑을 심어 주는
두 발 사랑을 하렵니다

목차

2장. 길 위의 여신

3장. 영원한 반려자

가슴 뛰는 삶

············

발바닥과의 꾸밈없는
두 발 사랑으로
풀어진 운동화 끈은
가슴 뛰는 삶을 잉태하기에

오늘도
느슨해진 운동화 끈을 조이며
가슴 뛰는 삶과 함께
깨어 있는 세상 속으로 빠져듭니다

두 · 발 · 사 · 랑

두 발 예찬

내 안의 심장이
두 발을 부러워합니다

앞만 보고
가는 길보다
척박한 흙길에
힘겹게 피어난 야생화를 볼 수 있는
혜안을 준
두 발을 시기하지만

어느새
꿈을 잉태하는
두 발과
내 안의 심장은 하나가 됩니다

바람개비

아무도 가는 길은 모릅니다

종착역에서 만나
개찰구를 함께 빠져나가는
바람 같은 삶이지만

홀로 내딛는
가시밭길 위에서
또 다른
나를 만날 수 있기에

오늘도
그 길을 달리고 있습니다

부활

하늘을 지붕 삼아
땅과 입술이 터지도록 입맞춤하는
두 발은
모나고 지친
고행 길을 껴안아
힘겨운 배앓이로
행복을 분만한 채
운명을 거머쥔 발걸음을 디디며

타오르는 열정과
바보 같은 몸놀림으로
지나온 길 위에
꿈과 희망을 포장하기에
게으른 심장이 화들짝 놀라
잠자는 혈관을 잠 깨워
새날을 맞이하는 것은
지금 달리고 있기 때문입니다

두 발 사랑

내 신체 중에
소중하지 않은 것이 없지만
소리 없이 나를 이끄는
가장 중요한 수단으로
두 발의 고마움을 잊은 채
우리는 살아가고 있습니다

하루의 고단한 일과를
두 발을 씻고 나서야 마무리하듯이
그냥 스쳐 지나가는 일상이기에
처음부터 끝까지
몸과 마음을 달래며
고통을 감내하는
작은 배려에서
두 발의 소중함을 느낍니다

백오리의 길 위에서
만 보 이상의 충격으로

온몸을 받쳐 주고는
감동의 뒷전으로 밀려나지만
묵묵히 무덤까지 함께하는
영원한 분신의 반려자입니다

때로는 물집으로 인해 절룩거리지만
다시금 일어서게 하는 자극제로
때로는 고통으로 인해 주저앉지만
다시금 재도약하게 하는 버팀목으로
우리들의 일상을 일깨워 주는
내 삶의 나침반이기도 합니다

두 발의 고마움을 느낄 때쯤이면
우리는 비로소
참삶을 조금씩 알게 되듯이
태어나서 걸음마를 시작할 때부터
두 발 사랑은
숭고한 희생과 봉사의 결정체입니다

오늘도
아침부터 잠자리에 들 때까지
두 발은
고단한 일과를 감내하며
심장보다
부지런히 걷고 달리면서
우리에게 행복을 선사합니다

갈 길이 아무리 멀어도

갈 길이 아무리 멀다 하여도
가는 길은
오직 한길입니다

그 길이
뼈마디 녹아내리는 길일지라도
행복을 솎아내는 길이기에

길 위엔
생각하며 달리는 사람들이
희망을 뿜어내며
천국의 문門으로 들어섭니다

갈 길이 아무리 험난할지라도
두 발은
그 길을 달리고 있습니다

번호표

밤새도록 반짝이던 별들이 눈을 비비며
동쪽 하늘의 해를 잠 깨워
어둠이 비늘을 벗는
모두가 잠든 시각에
새벽 잠자리에 눌린
익숙하지 않은 알몸이
무거운 이불을 걷어 내고
길을 나서지만
희망을 품은 발걸음은
어느덧
출발선의 설렘으로 가볍습니다

번호표를 붙이는
작은 떨림이 손끝에서 전해지지만
네 개의 옷핀이
옷을 떠날 때까지
긴장을 놓을 수 없기에

두 발은
제한시간까지 감동을 연출하며
소금기 절은
얼굴에는 미소가 떠나지 않듯이

두 발 사랑은
새벽부터 귀가하는 밤까지
오늘 하루의 행복을
숨김없이 일기장에 그려 놓습니다

땀으로 범벅이 된 몸과
가방 가득 주로의 이야기를 담고서
오늘 밤
가벼운 이불 속에서
또 하나의
역사가 된 기록을 되새기며
깊은 잠 속으로 빠져듭니다

가슴 뛰는 삶

가슴 뛰는 삶을 찾아서
느슨해진 운동화 끈을 조이며
자연 속으로 빠져드는
두 발은

가슴 뛰는 삶을
찾을 수 없다 하여도
후회하지 않는
두 발과 사랑을 하렵니다

발바닥과의 꾸밈없는
두 발 사랑으로
풀어진 운동화 끈은
가슴 뛰는 삶을 잉태하기에

오늘도
느슨해진 운동화 끈을 조이며
가슴 뛰는 삶과 함께
깨어 있는 세상 속으로 빠져듭니다

달리면 행복합니다

같은 생각으로
달리는 사람이 있습니다

무엇을 얻기보다는
무언가를 주고자
무언의 대화를 나누는
생각이 같은 사람들이 달리면

신바람 난
두 발 사랑은
발바닥을 타고
온몸 구석구석
막힌 혈관을 정화하기에

같은 생각으로
달리는 사람은 행복합니다

소로

내 안에 길들여진
외곬보다는
발바닥이 마주하는 소로小路에서
두 발로
나를 찾아 나서렵니다

그 길이
모나고 삐뚤지라도
외면하지 않으며
결코 돌아가지 않을 것입니다

나의 체취와
영혼이 깃든 소로는
비단길이 아니지만

두 발 사랑으로
깊은 발자취 남기며
발목에 묶인 나를 찾아 달리렵니다

아무도 밟지 않는
미지의 길을 찾아
두 발은
좌절과 감동을 동반한 채
오늘도 소로를 달리고 있습니다

영혼의 쉼터

길 위를 걸어 다니는
모든 사람들의
지친 마음을 달래 주는
영혼의 쉼터를 아시는지요

그 길은
비단길처럼 축복받은 길도
천국의 길도 아니지만

발바닥의 질타를 끌어안는
두 발 사랑이 빚은
꿈의 궁전으로
희망이 득실거리는
우리들 모두의 파라다이스입니다

진실이 마중 나오는
영혼의 쉼터를 아시는지요

그 길은
두 발 사랑과
우리들 모두의
영원한 안식처인 어머니 마음입니다

소울메이트(soulmate)

천상의 길 위에서
안개를 걷어차는
두 발은
천사의 전령으로
깨어 있는 지상의 구세주입니다

아무도 알아주지 않아도
발등의 입맞춤과
발바닥의 사랑으로
하늘 길 향하는
두 발은
꾸밈없는 지상의 천사입니다

하늘과 땅이 열려 있는 한
나태한 심장을 충동질하며
감동을 잉태하는
두 발은
거짓 없는 지상의 선구자입니다

오늘도
지상의 길에는
진실한 사랑이야기들이 샘솟는
열정들이 넘실대기에
두 발은
가식 없는 지상의 소울메이트*입니다

---

*소울메이트(soulmate) : 영혼의 동반자

달린다는 것은

달리고 싶습니다
달리지 못할 때
우리는 달리고 있을 때가
얼마나 행복한지를 느낍니다

달리고 있습니다
달리고 있을 때
우리는 달리지 못할 때가
얼마나 불행한지를 느낍니다

달리면서 느낍니다
모든 것을 잊을 수 있고
또 다른 나를 만날 수 있기 때문에
달리면 행복하다는 것을 느낍니다

시작과 끝

아침에 눈을 떠
가장 먼저 생각나는 것이 무엇입니까

오늘 달릴 길에서
두 발이
사랑하는 사람들과 함께
하루를 연다면
당신은 행복한 사람입니다

밤에 눈을 감을 때
가장 먼저 떠오르는 것이 무엇입니까

오늘 달려온 길에서
두 발이
사랑하는 사람들에게
희망을 나누어 주며
하루를 마감할 수 있을 때
당신은 행복한 사람입니다

오늘 하루

오늘 하루
나를 찾게 해 주는
두 발 사랑

오늘 하루
나에게 꿈을 주는
두 발 사랑

오늘 하루
나에게 날개를 달아 주는
두 발 사랑

나를 달리게 해 주는
두 발 사랑이 있어
오늘 하루도 행복합니다

길 위에서

나를 버리고
나를 확인하려는
두 발 사랑은
길 위에서 부활하여
또 다른 나와 만납니다

나를 내세우지 않고
나를 다스리는
두 발 사랑은
길 위에서 하나 되어
영원한 사랑을 맺습니다

나는 오늘도
또 다른
나를 찾기 위해
두 발과
길 위에서
조건 없는 사랑을 나눕니다

달리는 길에서

나를 잊은 채 달리는 길에서
또 다른 나를 만나
순수한 인연은
나를 사랑으로 채웁니다

나를 버린 채 달리는 길에서
또 다른 삶을 만나는
순결한 인연은
나를 희망으로 채웁니다

나를 숨긴 채 달리는 길에서
또 다른 꿈을 만나는
행복한 인연은
나를 겸손으로 채웁니다

운동화의 봉기

흰색, 노랑색, 빨강색 운동화들이
소리 없이 봉기하였습니다

겨우내 칼바람 맞으며
시린 눈물 앞을 가려
후회가 발목 움켜잡아도
순수한 도전을 향해
검은 그늘을 벗 삼아
동토의 길과 교감하였습니다

여명을 가르는
두 발은
꿈과 희망을 달고
이순신 장군의 품 안에 모여
어깨를 주무르며 체온을 나누었고
두 발의 물결은
광화문 뜰을 덮은 채
잠실벌을 향해 돛을 올렸습니다

남대문의 정기를 받고
서울 한복판을 가르는
두 발은
연도의 시민들과 함께 호흡하며
한 모금의 물도 주고받으니
해맑게 달리는 몸짓은
여백의 미美를 채우며
한 폭의 명화도 부럽지 않았습니다

너와 내가 아닌
우리들을 하나로 묶어 주는
두 발은
지금의 나를 확인시켜 주는
영원한 우리들의 스승입니다

흰색, 노랑색, 빨강색 운동화들이
일제히 봉기하여
하늘과 땅을 수놓으니

무지갯빛 꿈들이

두 발 사랑과 함께

잠실벌에 감동으로 살아 숨 쉬었습니다

오늘도 나는

오늘도 나는
무심코 하루의 시작을
어제와 같은 길을 달리면서
무한한 행복을 만났습니다

오늘도 나는
무심코 하루의 마무리를
어제와 같은 길을 달리면서
무한한 희망을 보았습니다

들숨과 날숨

지금 달리고 있는 사람들의
들숨과 날숨은
허공에
참 행복을 풀어 놓아
두 발 사랑과
신바람을 일으키며
새날을 여는
영혼과의 나들이지만

지금 달리지 않는 사람들의
이유 없는 조롱은
날숨과 들숨이
심장을 자극하여
허공에
근심들이 떠다니며
일그러진 시간들이
조각난 삶을 지휘합니다

세상에 부러울 게 없습니다

운동화에 칩을 묶고
가슴에 번호표를 달고 있으면
이 세상에서 부러울 게 없습니다

일류 선수는 아니지만 출발선에 서서
카운트다운을 할 때면
이 세상에서 부러울 게 없습니다

나만의 유니폼을 입고
두 발로 땅과 진한 입맞춤을 하면
이 세상에서 부러울 게 없습니다

갈증과 주림으로 입술이 마르고
고통이 온몸을 짓눌러도
포기하지 않고 끝까지 완주하고 나면
이 세상에서 부러울 게 없습니다

발바닥에 물집이 잡히고
무릎의 통증과 다리에 쥐가 날지라도
완주 메달을 목에 걸고 나면
이 세상에서 부러울 게 없습니다

달린다는 것은
짧은 시간 속에서
희로애락을 체험하기에
달리고 있으면
이 세상에서 부러울 게 없습니다

찢어진 운동화

하늘을 머리에 이고
햇살을 거울 삼아
땅과 함께
인생을 노래하는
두 발 사랑은
밤과 낮이 없습니다

세상에서
가장 순수한 몸짓을 연출하는
두 발은
행복을 보장하며
시공을 넘나드는 안식처입니다

빈부의 구분이 없는
두 발 사랑은
길이 천국이요
행복의 보고寶庫이기에

비록 찢어진 운동화일지라도

외면하지 않으며

외통길*을 따라

밤낮없이 사랑을 나누며 달리고 있습니다

---

*외통길 : 단 한 군데로만 난 길

달리면 세상이 보입니다

달리면 세상이 보입니다

고단한 들풀의 떨림
짐을 나르는 개미의 잘록한 허리
흙을 뒤집고 기지개 펴는 야생초
꽃향기 따라 춤추는 노랑나비
나뭇잎들이 속삭이는 소리
풀숲에 버려진 자전거의 항거
산바람에 마취된 코스모스
평화가 넘치는 희망하우스
행복을 밟는 흙길의 발자국 소리
내 안에 꿈틀거리는 열정의 분출

2007년 9월 29일 오전 11시 52분
지곡벌에 펼쳐진 세상입니다

길 위의 여신

구름을 거닐 듯
부드러운 감촉으로 길을 점령하는
두 발은
황홀경에 빠진 채
여신女神과 함께 춤을 추며
물집의 고통을 잠재우기에

아름다운 몸짓으로
갇힌 몸 열어 주는
두 발로 인해
달리면 행복하다는 것을 알게 되었습니다

두 · 발 · 사 · 랑

나의 길

발끝에 전해 오는
흙의 온기는
나의 존재를 확인하는 청진기입니다

발바닥을 두드리는
흙의 장단은
나의 몸을 깨우는 자명종입니다

발을 사랑하는
흙의 헌신은
나의 삶을 이끄는 수호천사입니다

발과 흙은
서로를 보듬으며
나의 길을 인도하는 등대입니다

백오리의 여정

백오리*에 오르기 전
피부노화를 방지하는 썬크림과
가장 민감하고 약한 부분을 달래 주는
바셀린과 대일밴드는
엔진오일보다 소중한
두 발의 동반자로
오늘도 말없이 고통을 흡수해 줍니다

백오리에 오르면서
종이컵에 담긴 물과 이온음료는
고갈된 정신을 재충전해 주고
바나나와 초코파이는
허물어지는 육신을 지탱하는
두 발의 수호자로
오늘도 말없이 감동을 선사해 줍니다

---

*백오리 : 마라톤 풀코스는 대략 42km이고 이는 105리이다.
이를 '백오리'라고 읽는다.

백오리를 오르고서
목에 걸어주는 완주 메달은
지상에서 가장 소중한 선물이고
국밥 한 그릇과 막걸리 한 잔은
지상에서 가장 값진 만찬으로
두 발은
오늘도 말없이 사랑을 잉태합니다

백오리에 오르는
두 발 사랑은
내 인생의 나침반이요 등대입니다

절망의 늪

절망의 늪에서 허덕이는
조각난 시간의 패배자로 전락되어
삶이 곪을지라도

두 발이
곁길*을 지탱하고 있기에
희망의 어머니는
우리들에게 갈 길을 열어 줍니다

죽은 시간들로 막혀 있는 길을 갈지라도
감동을 잉태하고
참삶을 여는
두 발 사랑이 있기에

어느새
몸과 마음은

---

*곁길 : 큰길에서 갈라져 난 길

달리는 길 위에서
행복의 시간을 일구며 하늘 길로 향합니다

운동화 끈을 묶을 수 있는
두 손과
운동화와 사랑을 나누는
두 발이 있기에

오늘도
우리들의 삶은
아름다운 향기로 넘쳐흐릅니다

우리를 걷고 달리게 하는 것은

무엇이 우리를 걷게 하는가?
희망, 행복, 사랑, 약속, 건강들이
우리를 걷게 합니다

무엇이 우리를 달리게 하는가?
부재를 부정하는 열정이
우리를 달리게 합니다

살아가는 동안

살아가는 동안
생각이 다를지라도
달리는 사람들은
나보다는 남을 배려합니다

살아가는 동안
마음이 다를지라도
달리는 사람들은
나보다는 남을 신뢰합니다

살아가는 동안
행위가 다를지라도
달리는 사람들은
나보다는 남을 사랑합니다

길

한길* 에는 마법에 걸린
온갖 사물들이 널브러져
실체를 상실한 채
화려한 껍데기로 치장하지만

바람의 일방통행으로 뻗은
외곬 길은
영겁의 세월을 껴안으며
제자리를 지키기에
우리는 길의 고마움을 모르는 채
새로운 길을 찾아 나섭니다

우리가 가야 할 길은 정해져 있지 않지만
집을 나서면서
수없이 많은 길과 마주하고
그 길에서 삶이 형성되기에
하루를 무사히 마치고 돌아오면서

---

*한길 : 사람이나 차가 많이 다니는 넓은 길

늘 그 자리에 변함없이
우리 몸을 지탱하는 길은
우리에게 아무것도 바라지 않습니다

우리에게 정도正道를 인도하는 바른길은
역사를 창조하고
새날을 창출하기에
두 발은
행복을 보장하지만

두 발의 고마움을 모르고
갈림길에서 미아로 방황하는
두 발은
후회의 사슬에 묶여
잿길*에서 발목이 빠진 채 주저앉습니다

---

*잿길 : 언덕배기에 난 길

초행길

심장이 터질 듯
고통이 기다리고 있는
초행길일지라도

지면과 더욱 뜨겁게 사랑 나누며
환희의 땀으로
통증을 날려 버리기에

두 발은
우리들을 조건 없이 감싸안습니다

돌너덜길*에서 뒹굴고
만신창이 되어
두 발의 흔적은 남아 있지 않지만

---

*돌너덜길 : 돌이 많이 깔린 비탈길

감동을 연출하는
두 발은
그 길을 기억하기에
우리들을 무작정 달리게 합니다

혼불

두 발의 하중을
온몸으로 인내하는 고엽枯葉이
길섶을 에워싸는
오름길에서
흐트러진 나와 마주 서며
방긋 미소로 힘을 불어넣어 줍니다

두 발의 장단으로
온몸은 한껏 달아올라
어느새
신선이 되어
거친 숨을 몰아쉬며
무릉도원을 향해 달립니다

두 발의 흥분으로
혈관이 팽창하고
심장이 터져 고꾸라져도
달리고 있을 때
가장 행복하기에

마지막 혼불*을 놓듯
두 발은
벼룻길**의 기로에서도
흐트러짐 없는 발놀림으로
오름길을 향해 차오릅니다

*혼불 : 사람의 혼을 이루는 바탕
**벼룻길 : 아래가 강가나 바닷가로 통하는 벼랑길

주로를 달리면

해맑은 미소가 넘치는
주로를 달리면
우리는 천사가 됩니다

배려와 신뢰로 어우러진
주로를 달리면
우리는 친구가 됩니다

사랑과 행복을 만나는
주로를 달리면
우리는 이웃이 됩니다

나의 존재를 확인하는
주로를 달리면
우리는 신선이 됩니다

천상의 길

세상에서 가장 마음을 편안하게 해주는
인적이 드문 숲길에
정갈한 나목들이 내뿜는
순수한 바람 내음과 함께
천상의 길을 내딛는
두 발은
하늘 길 초입에서
사랑하는 님을 만났습니다

바다가 보이는 고갯길과
연못이 드리운 중허리를 휘감는
두 발은
목이 메고
지쳐 쓰러질지라도
사랑하는 님과 함께
백오리의 여정을
온몸으로 받아들이며
세상에서 가장 행복한 눈물을 보았습니다

42195

42195는 숫자에 불과하지만
1에서 42195까지
두 발의 애환은
삶의 비망록보다 소중하기에

고통을 상쇄한 땅의 정기와
나태한 삶을 충동질하는
두 발이 어우러져
소금기에 절어
파김치 된 심신을
꿈과 희망으로 포장하며

1에서 42195까지
완전한 사랑을 꿈꾸는
두 발은
포기라는 유혹에서 벗어나
그 길이 황천길이라도 함께 따라나섭니다

카타르시스(catharsis)

날숨으로 고통이 빠져나가
백오리 길에 머무는 동안
두 발은
들숨으로 행복을 나누며
새날을 마중하기에

그 길 위의
두 발 흔적은
찌든 삶의 아픔을 씻어 주는
대지 위에 핀
카타르시스의 결정체입니다

뒤를 돌아보지 않는
두 발은
정해진 길 따라
들숨과 날숨을 나누며
연료가 떨어지지 않는 기쁨의 배달부입니다

또 다른 나

어둠을 칼질하는
날카로운 칼바람이
나목의 마지막 잎을 난도질하며
길 위를 지배하는
달빛 아래

슬픈 전설들이 마실 가는
주인 잃은 고샅길* 따라
고통을 놓으며
인고의 시간을 즐기는
두 발은
혼자일지라도 외롭지 않습니다

잠든 영혼 불러내어
어둠을 벗 삼아
두 발 장단으로

---

*고샅길 : 시골 마을의 좁은 골목길

신명 나게 달리고 나면
칼바람은 꼬리를 감추어 버려

나는 없고
또 다른 내가
나를 기다리고 있기에
나목의 슬픔을 껴안으며
달리고 있을 때 가장 행복합니다

길 위의 여신

일상의 나태와 한바탕 시름하여
갇힌 몸을 여는
두 발은
길 위에 늘어선
여신女神의 손길에 이끌려
뼈마디마다 행복을 주워 담고

발바닥에 전해지는
소리 없는 폭행으로 인해
왕물집에
포기의 그물이 드리우지만

구름을 거닐 듯
부드러운 감촉으로 길을 점령하는
두 발은
황홀경에 빠진 채
여신女神과 함께 춤을 추며
물집의 고통을 잠재우기에

아름다운 몸짓으로
간힌 몸 열어 주는
두 발로 인해
달리면 행복하다는 것을 알게 되었습니다

겸손한 하루

삭풍으로 쇠한
동토의 헛구역질로
움츠린 나무들이 일어서는
인적 없는 덤불길*은

누군가의 발걸음을 맞이하기 위해
바람으로 깔끔하게 빗질한 채
오롯이 정좌하고
거친 숨을 받아 주기에

언제나 외로움으로 주눅 드는
그곳에
두 발은
늘 고마운 마음으로
흙과 몸을 섞으며
움츠린 시간을 긴장에서 해방시켜 줍니다

---

*덤불길 : 덤불이 들어찬 수풀로 난 길

오늘도
나태해진 삶을 다듬는
두 발 사랑은
겸손한 하루를 위해

나뭇가지에 걸린 겨울바람과 함께
덤불길에서
욕심을 묻어 버리고
단순한 몸짓으로
묵묵히 앞만 보고 달립니다

한계

처음에는 달콤한 솜사탕처럼
입 안에서 빠르게 녹아
차츰 당분이 빠져나가듯이
몸을 다스리지 않고
의욕이 앞서
포기와 친해질 때
두 발은
절대 위기를 맞습니다

길바닥에 발이 붙어 버린
심신의 고갈로
온몸을 장악하는
악마와의 사투에서
처참하게 만신창이 되어
길 위의 미아 될 때
한계는 쾌재를 부르지만

두 발은
지친 몸을 지탱하며
한계의 정점을 무너뜨리기에
두 발은
또 하나의 신화를 창조합니다

머리부터 발끝까지
한계의 빈자리를 채우는
백오리에 찍힌 열정은
내 삶의 한켠에
오래도록 살아 꿈틀거리고
한계를 다스리며 달릴 수 있기에
두 발 사랑은
주머니마다 행복을 가득 담습니다

숲 속에서

맑은 영혼들이 반기는
숲 속의 문門으로
살포시 들어설 때

또 다른
나를 만나는 설렘으로
두 발은
자연과 한 몸 되어
사뿐히 흙을 보듬고
깊은 사랑을 나누기에

나무도 되고
새도 되고
숲이 되기도 합니다

숲 속에서
나를 만나고 오는 날이면

모든 것이
소중하고 아름답기에
두 발 사랑은
행복을 전하는 메신저입니다

산길

하늘이 내려 준 단비를
대지의 자궁이 품어
비탈진 나무에 생명을 불어넣으니
푸석한 산길은
환희의 빛으로 가득하고

다람쥐가 노니는
외딴 길섶에
신들린 야생화가 마중하여
길 잃은 바람과 함께
신바람 난 두 발은
또 하나의 빛으로
세상의 길을 밝히기에

깨어 있는 산길과 호흡하는
두 발은
고향의 두렁길*을 그리며

---

*두렁길 : 논이나 밭의 가장자리로 작게 쌓은 둑이나 언덕 위로 난 길

세상에서 가장 소박한 마음을
소로小路에 담아

물오른 나무와
질펀하게 몸을 섞는
대지의 자궁 속에서
발바닥의 마찰을 받아들이는
한적한 산길은
두 발의 통증을 잠재운 채
예전의 모습으로 제자리를 지킵니다

꽃길을 달리며

겨우내 진통이 머무른
헐벗은 나무의 뿌리는
흙이 뒤집혀 줄기로 솟아오르니

몸을 태워 빚은
새하얀 빛깔의 꽃들이
방천길*을 수놓아
맑은 영혼들이 노닐며

자연이 토해 놓은 염료는
꽃길의 빈자리를 메워
명화를 꿈꾸는
두 발의 붓질은
돌서덜길**의 애환을 달래 주고

---

*방천길 : 물이 넘지 않도록 쌓은 뚝길
**돌서덜길 : 냇가나 강가 따위의 돌이 많은 길

꽃비로 에워싼
두 발 사랑은
해맑은 수채화의 주인공 되어
꽃길을 달리며
영원한 사랑을 찾아 떠납니다

영혼의 노래

오늘도 어김없이
아침 해는 감긴 눈을 두드리며
화려하지는 않지만
세상과 동떨어진
미지의 길을 탐닉하러
지친 몸을 운동화에 싣고 떠납니다

그 길의 입구에는
도전에 굶주린 전사들이 먹이를 낚아채듯
검게 그을린 채
두 발 사랑을 위해
미소로 대화하는
선인先人들로 가득합니다

백오리의 여정이
안개로 드리운 정글처럼
장애물과 유혹이 기다리고 있지만

침묵의 두 발은
정해진 길 따라
한 점씩 투명한 흔적을 깔아 놓아

나를 지켜 주는
영혼의 노래를 부르며
지친 몸을 이끌고
태양의 나라에 알몸으로 들어섭니다

아무도 알아주지 않아도

아무도 알아주지 않아도
두 발은
오늘도 희망을 향해 달립니다

길 아닌 길일지라도
발을 디딜 수 있는 길이라면
두 발은
오늘도 새날을 찾아 달립니다

해와 달 그리고 별들이
지구를 떠나지 않을 때까지
두 발은
오늘도 도전을 즐기며 달립니다

멸시의 눈들이
무언의 야유를 보낼지라도
두 발은
오늘도 정해진 길을 따라 달립니다

아무도 알아주지 않아도
두 발 사랑은
오늘도 행복과 함께 달리고 있습니다

백오리의 역사

새벽길을 밝히는 샛별이
오늘따라 고마운 것은
졸린 몸을 이끌고
미지의 길을 인도하기에
어느새
몸과 마음은 출발선에 다다릅니다

까칠한 입맛이지만
찰밥 한 그릇에 위안을 삼고
꿀물 한 잔에 용기를 얻어
대문을 나서기에
어느새
몸과 마음은 하나 되어 달리고 있습니다

화려하지는 않지만
저마다의 몸짓으로 몸을 푸는
두 발은
언제나 활기차고 행복이 넘치기에

어느새
몸과 마음은 주로를 탐미합니다

꿈과 희망이 가득한 주로에서
힘을 외치며
물 한 잔도 나누어 마시는
두 발 사랑이 있기에
어느새
몸과 마음은 새날을 맞이합니다

탈진의 위기일지라도
도착선을 밟고 두 손을 들고 들어올 때
온몸에 감동이 휘감아 치기에
어느새
몸과 마음은
또 하나의 역사를 쓰고 있었습니다

출발선과 결승선

배번호와 칩을 달고
출발선에 기다릴 때
온몸에 전해 오는
무한 설렘은
영혼을 잠 깨우는
가장 소중한 시간입니다

배번호와 칩을 달고
결승선을 지나칠 때
온몸에 전해 오는
무한감동은
영혼을 살찌우는
가장 소중한 순간입니다

영원한 반려자

두 팔은 하늘을
두 발은 땅을 향해 있을 때
하늘과 땅은
욕심이 없는
행복으로 가득하기에
천국의 문門으로 향하는
두 발 사랑은
세상에서
가장 투명한 몸짓입니다

두 · 발 · 사 · 랑

길라잡이

오늘 하루가 익숙지 않을지라도
내 몸 안에 깊이 자리한
두 발이 있기에
오늘이 외롭거나 우울하지 않습니다

운동화 끈을 조이며
언제라도 자연과 하나 되어
행복의 즙으로 목을 축이기에
별천지의 신선이 부럽지 않습니다

아주 평범한 일상 속에서도
두렵거나 포기하지 않는 것은
살아가는 이유를 알게 해 주는
두 발로 인해 마냥 즐겁습니다

하늘과 땅이 존재하는 한
나를 지탱하는
두 발 사랑은
영원한 우리들의 길라잡이입니다

오아시스

오늘 밟는 이 길이
어제의 중력으로
내 삶을 되짚어 볼지라도
나는 그 길에서
흐트러진 내 모습을 찾아
오늘도 그 길을 달리고 있습니다

무작정 나를 찾아 떠나는
미지의 길일지라도
두 발에 전해 오는
가슴 떨리는 전율은
오늘 나를 지탱하는 작은 설렘이기에

두 발 사랑은
내 삶의 오아시스입니다

잠시 진흙탕에서 방황하는 나를 잡아 준
두 발은

존재의 이유를 대변하는
내 삶의 영원한 스승으로
오늘도 그 길에서
또 다른 나와 함께 물길을 만듭니다

누가 그들은 달리게 하였는지요

누가 그들을 달리게 하였는지요

먹구름이 하늘을 움켜쥐고
비바람이 땅을 짓누르는
고통으로 일그러진
눈석잇길* 위에서
한 마리 나비처럼
물 위를 차는
두 발은
희망을 길어 올립니다

젖은 옷깃이 살갗을 파고들고
물먹은 양말이 발목을 잡아끄는
조소嘲笑가 득실거리는
진창길 위에서
한 송이 들장미처럼

---

*눈석잇길 : 눈이 녹아서 질퍽한 길

물 위를 감싸는
두 발은
행복을 피워 올립니다

누가 그들을 달리게 하였는지
오늘도
흙탕길 위엔
두 발 사랑으로 북적거립니다

누가 그들을
길 위로 몰아세웠는지 알 수 없으나
두 발은
길이 있는 곳이라면
그곳을 찾아 나섭니다

어떤 길을 가고 있습니까

우리는 살아가면서
길을 걷습니다

가야 할 길
가지 말아야 할 길
혼자 갈 길
함께 가야 할 길 중에
우리는 지금
어떤 길을 가고 있습니까

우리는 살아가면서
길을 선택합니다

출세의 길
명예의 길
도전의 길
유혹의 길 중에
우리는 지금
어떤 길을 선택하고 있습니까

우리가 살아가면서
최고의 길은
아무 욕심 없이
한길 따라 걷고 달리는
두 발 사랑의 길입니다

절름발이

내 삶의 흔적을 찾기 위해
길 아닌 길을 파헤치는
두 발이
고독한 포장지로 덮여 있는
외로운 고행 길에서 헤맬지라도
결코 후회하지 않습니다

시간지기의 노예가 되어
나락으로 떨구어질지라도
땅을 붙잡고 서 있을 수만 있다면
앞만 보고 달리렵니다

끌려가는 인생을 사는 것보다는
아무도 알아주지 않을지라도
느슨해진 심장과 함께
반쪽의 삶을 위해
나를 내세우지 않고 달리렵니다

달아나는 영혼을 좇는
두 발 사랑은
길 아닌 길 위에서
한쪽으로 치우친 절름발이 삶일지라도
나의 길을 달리렵니다

그 길은
두 발 사랑의
과거, 현재, 미래의 혼魂이 깃든
하얀 소금기 절인
투명한 보석들이 가득한 염전입니다

오만 번의 감동

두 발이 전해 주는
잔잔한 감동이야기는
눈물샘을 자극하는
우리들의 인생여정입니다

무료한 삶에 활력을
나태한 생각에 지혜를 주는
두 발의 흔적은
바람에 흔들리지 않는
벼랑길 위의 등대입니다

오만 번 이상 걸음의 거리를
단 한번 멈춤 없이
길 위와 입맞춤하는
두 발 사랑은
영원한 우리들의 연인입니다

머리부터 발끝까지 전해지는
포기의 유혹과
고통의 연속으로 허물어질지라도
두 발과의 인연은
우리들의 삶을 아름답게 꾸며 줍니다

세상에서 가장 순수한 몸짓으로
꿈과 희망을 낳는
두 발은
흘린 땀방울과 비례하는
가장 정직한 우리들의 이야기입니다

나침반

고통을 피하기보다는
고통을 찾아 즐기는
두 발의 뒤꿈치에는
늘 희망이 따라다니기에

신바람 장단으로
온몸의 고뇌를 짊어지며
흙탕길을 찾아 나섭니다

벼랑길의 유혹과
가시밭길의 고행으로
찌든 삶일지라도

두 발의 발바닥은
흐트러지지 않은 채
세상의 짐을 지고
묵묵히 제 갈 길을 인도합니다

시간을 초월한
우주의 미아로 떨구어질지라도
사랑의 길을 향하는
두 발은
내 삶의 나침반이기에

오늘도
가까이에 있는 행복을 찾아 나섭니다

빗물과 함께

먹구름이 해를 집어삼키고
분노한 하늘이 허공을 뒤흔들어
미립의 수증기가 몸을 풀며
비바람 타고 내려와
온몸을 어루만지는
물방울의 세례 속에

두 발은
물 장단으로 빗줄기를 가르니
온몸에 퍼지는 쾌감으로
신천지의 주인 되어
고인 물길을 바다로 인도합니다

빗방울이 대지로 시집오는 날
땅에서 올라오는 온기와
하늘에서 내려오는 훈기로
두 발은
빗속으로 빠져들고

일상의 일탈을 위해
비와 하나 되어
빗방울과 고통을 나누면서
두 발 사랑은
감동의 드라마를 연출합니다

영혼 나들이

하얀 밤이 쳐 놓은 덫에 걸린
수많은 사물들이
선잠에 취해 있을 때
새벽안개가 발목을 잡고
가로등마저 제 기능을 발휘하지 못할지라도

어둠의 비늘을 벗은
샛별의 마중으로
달리면 평화가 보이는 길 위에서
모두가 욕심을 버리고
침묵으로 대화를 나누니

두 발 장단은
어느새
흥에 겨워 어깨춤이 절로 나고
멀리 떠난 영혼이 날개를 달고 다가옵니다

처음부터 끝까지
진실의 흔적들이 발 도장을 찍고
투명한 몸짓은
아침햇살을 흡수한 채
평화가 머무는 길에는 사람 내음이 가득하기에

물 한 모금으로
사랑의 무게를 나누는
두 발은
나보다는 남을 배려하는
길을 잃고 헤매는 영혼을 달래 줍니다

징검다리

은빛 갈대의 깊은 시름을 어루만지는
맑은 영혼들이
강바람의 향기와
야생화의 마중으로
두 발 행렬은
거친 숨을 몰아쉬지만

새날을 향한
소리 없는 몸짓과
포기의 유혹에서 벗어나
한계를 초월한
월계관의 주인 되어
또 하나의 다큐멘터리를 재현합니다

해님의 방해와
발바닥의 압박으로
주로를 이탈하게 하지만
어머니 품보다 아늑한 공간 속에서

꿈을 찾아가는
두 발 사랑은
아름다운 고행을 즐기며
미개봉의 필름으로 남아

오래도록
고갈된 삶을 추스르는 진액이 되어
오늘을 충전하는
또 하나의 징검다리가 됩니다

인생노트

좌절과 포기의 기운이
가슴 한구석에 자리한 채
한 걸음 내디딜 때마다
두 발을 유혹하지만
백오리의 감동이 어려 있는
길 위에서
우리는 땀으로 만났습니다

물 한 모금에 희망을 보았고
바나나 한 조각에
작은 꿈을 이룰 수 있었습니다

길가에 홀로 핀 야생화를 보면서
내 삶을 돌아보았으며
초로의 미소에서
내 삶의 희망을 보았습니다

누군가 쥐가 나서 쓰러지면
내 다리인 양
서로 보듬으며
행복의 나무를 함께 심었습니다

불확실한 미래보다는
잔잔한 정이 넘치는
길 위에서
두 발 사랑을 나누며
또 하나의
인생노트 한 페이지를 장식하였고
소금기 절은
온몸에서
새날을 맞이할 수 있었습니다

그림자 투혼

초원을 달리는
야생마의 거친 숨소리도 아니오
사막을 횡단하는
낙타의 처절한 울부짖음도 아닙니다

풀어진 시선을 고정시키는
빛바랜 낙엽의 무저항처럼
세월을 낚는 나그네 되어
흙을 어루만지며
소박한 꿈을 펼치는

두 발 사랑은
배려의 불씨로
나눔의 심지에 불을 붙여
세상의 불을 밝히며
제자리를 떠나지 않는 가로등으로 남습니다

양지보다는 그늘 속에서
젖은 몸을 말리는
그림자의 투혼으로
절름발이 삶을 몰아내기에

두 발은
화살길*의 이단아로
야생마의 갈기를 부여잡고
마파람을 일으키며
또 하나의
감동이야기를 솎아
낙타의 설움을 달래 줍니다

---

*화살길 : 화살이 날아가는 길

순애보

하늘과 맞닿은 가을의 변신은 무죄입니다
새색시 연지보다
붉고 탐스러운 단풍과 하나 되어
깊은 가을의 문門 속으로 들어서는
두 발의 입맞춤은
온 세상을 품은 채

긴 사연이 어린
낙엽 하나하나에
내 삶의 뒤안길을 비춰 봅니다

흙 위에서
두 발이 펼치는 전위예술은
속세의 슬픔을 몰아내고
최고의 미美를 자아내며
지치고 힘든
삶의 여정을 이끄니
무릉도원의 신선도 부럽지 않습니다

자연의 품속에서
가을의 향연을 즐기는 선인先人들은
가을비의 축복 속에
두 발의 위대함을 맛보고

헐벗고 남루한 운동화와
땀으로 절은 옷과 함께
가슴속에 간직한
백오리 길의 순애보는
나태한 삶 속에 살아 숨 쉬고 있습니다

동토의 길

나목의 가지에 걸린
북풍이 땅으로 내려와
빛바랜 낙엽들의 발목을 움켜쥐는
동토의 길에서

살을 에는
동장군과의 힘겨루기로
하얀 전쟁을 치르는
두 발 사랑은
맑은 입김 토해 내며
행복의 나라로 들어섭니다

찬바람의 마른기침으로
시간이 멈춰 버린
멀고 험난한 길이지만

신명난 발바닥 장단으로
언 땅을 녹이며

고엽무덤 헤치는
두 발은
희망을 실어 나르는 나룻배 되어

움츠린 꿈들과
새날의 무지개가 어우러져
동토의 길을 녹이고 있습니다

등불

세상의 짐을 짊어진
두 발이
돌너덜길을 지키기 위해
사뿐히 입맞춤할 때마다

피부를 뚫고 나오는 희열은
감동으로 승화하여
껍데기뿐인 몸을 에워싼 채
굳게 닫힌 심장을 여는
어머니의 너른 마음 밭입니다

길을 나설 때마다
늘 즐거운 기분은 아니지만
시간이 지날수록 용솟음치는
두 발의 투혼은
꺼져 버린 희망을 잉태하기에

두 발 사랑은
고행을 짊어진 언덕길일지라도
한 걸음 한 걸음
행복을 매달고 기쁨을 토해 냅니다

열정으로 시작해서
중독으로 전염되는
두 발 사랑은
돌이 많아 인적이 드문 비탈길을
아름다운 빛으로 수놓고
영원히 꺼지지 않는
세상의 등불로 거듭나
튀어나온 돌을 어루만지며 달립니다

고성의 풍경

설익은 동풍冬風이
나목의 목덜미 부여잡고
천국여행 떠난
무언의 연鳶들이
사랑을 뿌리는
고성固城 하늘 아래

구름 속을 차오를 듯
멍든 시간
주로에 묻어 버리고
일상이 그려 낸
참 자유의 주인공 되어

풀지 못한 한恨일랑
두 발에 실어
아름다운 당항만*에

---

*당항만 : 경상남도 고성에 위치

한껏 되새김질하며
새날을 꿈꾸는
두 발은
달리고 있을 때 가장 행복합니다

평화의 빛이 어린
주름진 촌로의 얼굴에서
고통을 상쇄하고
출발선에서 도착선까지
아름다운 몸짓들이
백오리에 감동을 그려 놓으니

길 위에
사람 내음이 가득한
고성에서의
두 발 사랑은
영원히
가슴속에 살아 자리매김합니다

영원한 사랑

희망을 연출하는 무한열정이
언 땅을 어루만지고
느슨한 심장을 긴장으로 이끄는
두 발은

잘 닦여진 길이거나
울퉁불퉁한 자갈길이거나
눈석잇길로 진창이거나
솜보다 푹신한 흙길일랑 가리지 않기에
모든 이를 조건 없이 받아들이며
달아나는 시간을 붙잡아 함께 달립니다

나를 반기는
행복이 기다리고 있기에
나만의 시간을 즐기며
구름을 차듯 달려 나갑니다

나에게 꿈을 심어 주고
나를 잡아 준
두 발은
내 영혼의 길잡이로
최고의 선물은
건강한 삶과 투명한 정신이었고
최고의 선택은
두 발과의 영원한 사랑이었습니다

아무런 보상도
아무런 미련도 없습니다
오직 걷고 달릴 수 있는
두 발이 있기에
언 땅 위에서
늘 감사하며 사뿐히 두 발을 놓습니다

봄의 왈츠

꽃향기 드리운 꽃길에
고운 자태로 봄을 알리는
순백의 매화가
지신地神의 사랑과
천신天神의 축복으로 얼굴을 내밀어
인간의 마음을 잡아채니

두 발은
내 의지와 상관없이
매화꽃 속으로 빨려 들어갑니다

섬진강 바람의 고운 숨결로
새벽부터 잠을 설친 피로를 씻어 내고
바닥이 비치는 말간 강물로
겨우내 쌓인 피부의 각질을 벗겨 내니

두 발은
내 몸과 상관없이

세월이 일구어 낸
매화길 위에
사뿐히 점을 찍어 놓으며
천국의 문으로 들어섭니다

고통으로 일그러진 대지는
봄 햇살의 애무로
사랑의 밀어를 토해 내고
들녘에 피어난 봄나물의 손짓으로

두 발은
내 삶과 상관없이
길 위를 떠도는 영혼과
깊은 사랑을 나누며
봄을 알리는 왈츠의 주인공이 됩니다

새날

검은 발톱이 죽어
발가락을 떠나는 순간
백오리의 여정은
감동의 물결과 함께
길 위에서
진혼제로 넋을 기리니
두 발은
새날을 향해 춤을 춥니다

백오리와의
진한 입맞춤으로
발바닥에 고통의 열매 열리니
통증과 동침하는
두 발은
길 위에서
행복의 눈물로
새날을 위해 날개를 펼칩니다

살과 살이 만나
살갑게 서로를 애무하는
뜨거운 열기로 인해
작은 흔적이
달려온 거리만큼 아픔으로 남지만
두 발은
길 위에서
꿈과 희망을 품고
새날의 주인으로 거듭납니다

두 발로

내 삶에 가장 깊은 흔적을 남겨 준 사건은
두 발과의 만남이었습니다

꿈과 희망을 심어 주고
살아있는 전설들을 일구어 낸
두 발은
세상에서 가장 아름다운 몸짓이었습니다

모난 길일지라도
두 발이 가고자 하는 길에는
늘 축복과 감동이 어려 있고
인간미가 넘실대는 어머니의 마음이었습니다

오늘도 같은 길일지라도
두 발이 가는 길에는
새날의 설렘과
사랑이 가득한 천국의 길이었습니다

하늘과 땅 사이에서
가장 순수한 그림은
처음부터 끝까지 포기하지 않고
두 발의 발자취가 그려낸
나 자신과의 영원한 약속이었기에

두 발로 함께한 시간들은
꾸밈없는 땀방울로 행복을 그려냅니다

인생역전

달린다는 것은
잠재된 나를 밖으로 끄집어내어
침묵과 성찰로
지친 영혼을 어루만지는
순수한 몸짓으로
세상에서 가장 소박한 나들이입니다

숨어 있던 또 다른 나와
꾸밈없이 교류하는
무일푼의 투자로
대박의 꿈을 이루는
인생역전의 모노드라마입니다

가슴 뛰는 삶을
무상으로 제공하는 기부천사로
꿈과 희망을 잉태하며
늘 입가에 미소를 머물게 하는
영원히 마르지 않는 생명수입니다

달리고 있을 때
세상의 모든 시름 날려 보내고
나의 존재를 알려 주는
두 발 사랑은
내 인생 중에
내가 선택한 최고의 선물입니다

묘비명

활의 시위를 떠난 화살은 돌아오지 않듯
출발점은 있으나 도착점이 없는
두 발 사랑은
꿈을 낚고 희망을 품는
바람의 순례자입니다

처음부터 마지막까지
늘 한결같은 몸짓으로
들숨과 날숨의 조화 속에
행복을 낳는
세상에서 가장 순수한 행위예술입니다

아무도 알아주지 않아도
고통과 환희가 교차하는 숨 가쁜 일상 속에서
나를 돌아보며
잠든 영혼을 깨우는
신神이 내린 지상 최고의 선물입니다

"두 발을 사랑하였기에
후회 없는 인생을 살다가 가노라"라고
나의 묘비명이 될 것이고
나의 삶을 지탱해 준
두 발과
오늘도 미지의 길을 찾아 나섭니다

만족합니다

"행복합니다"라고
말하는 사람은
희망을 노래하는 사람입니다

"사랑합니다"라고
말하는 사람은
배려를 나누는 사람입니다

"만족합니다"라고
말하는 사람은
생각하며 달리는 사람입니다